AF324383

MODIFICATIONS

A APPORTER

A la Procédure de la Saisie-Arrêt, de la Distribution par Contribution, et de l'Ordre.

Ces notes sont le résumé d'un travail plus développé, facilité par une longue pratique au barreau et dans la magistrature; suspendant une œuvre de plus longue haleine, nous l'avons entrepris aussitôt que nous avons appris qu'on préparait un projet de loi sur la procédure de *l'Ordre*; si, en signalant les défectuosités de cette partie de notre législation, et en indiquant les améliorations dont elle nous paraît susceptible, notre œuvre est quelque peu utile, notre but sera complètement atteint.

Le Code de Procédure civile a été, dans ces derniers temps, l'objet de vives attaques, et, par suite, de nombreux projets d'amélioration. En 1851, l'Académie des sciences morales et politiques, se rendant l'organe de l'esprit public, a mis ce sujet au concours; et des ouvrages sérieux et dignes d'intérêt ont répondu à son appel, tant à cette époque qu'en 1853.

Cependant, il paraît qu'une révision générale ne doit pas encore avoir lieu; sans doute parce que la matière n'est pas suffisamment élaborée; peut-être aussi cette prudente réserve est-elle due au respect qu'inspire ce Code qui remonte déjà à un demi-siècle, et qui s'identifie, pour ainsi dire, avec la plus grande œuvre législative des temps modernes, notre immortel Code Napoléon.

Tout le monde reconnaît pourtant que cette œuvre elle-même doit être modifiée, et que la réformation la plus urgente est celle du régime hypothécaire : l'imperfection de ce régime, dans l'état actuel de la civilisation et de l'industrie agricole, est avec raison regardée comme le seul obstacle au développement, en France, du crédit foncier, élément capital de la prospérité et de la richesse publiques.

Depuis longtemps, le perfectionnement de ce titre du Code est l'objet des méditations de jurisconsultes éminents; bien des projets ont été proposés et discutés; un de ces projets a même failli être converti en loi. Nous avons recueilli avec soin tout ce qui a été écrit sur cette matière; l'expérience de tous les jours la mûrit et éclaire les esprits; aussi des modifications essentielles, qui n'auraient pu être faites il y a quelques années, seront à présent reçues avec un assentiment unanime; de plus, les nouvelles formes constitutionnelles admises pour la confection des lois permettent d'obtenir une œuvre plus homogène; sous tous les rapports, nous devons donc nous féliciter du retard.

La loi sur l'Ordre semblerait ne devoir être que le couronnement du nouvel édifice si universellement désiré; mais, en examinant les choses de près, on reconnaît que cette loi, qui s'adaptera au régime futur quel qu'il soit, aussi bien qu'au régime actuel, peut, comme la loi sur la transcription, précéder la grande innovation.

Par une corrélation naturelle, les formalités de la distribution par contribution sont et doivent être, sauf de légères différences, semblables à celles de l'Ordre; les vices de la procédure actuelle s'y font même plus sentir et causent de plus grands dommages, parce que le prix à distribuer est souvent moins considérable, que les frais l'absorbent presqu'entièrement, et que ceux qui prennent part à la distribution sont créanciers de moindres sommes, souvent aussi inférieures aux frais; il n'est donc pas moins indispensable ni moins urgent, suivant nous, de modifier la procédure de cette distribution : et il est convenable que la double modification soit faite simultanément.

Enfin, comme la procédure de la distribution par contribution se lie intimement à celle des saisies dont elle est le complément, notamment à celle de la saisie-arrêt qui est très défectueuse, et comme les modifications que nous proposons sur ces diverses procédures dérivent du même principe, il nous a paru qu'elles devaient être comprises dans le même projet de loi.

Cette étude sera donc divisée en trois parties : la première sur la saisie-arrêt; la deuxième sur la distribution par contribution; et la troisième sur l'Ordre.

Nous avons, dans ce travail, été constamment inspiré et dominé par la pensée qu'une loi en vigueur ne doit être modifiée qu'en cas d'absolue nécessité et avec la plus grande réserve : et spécialement, que les modifications des lois de procédure doivent tendre surtout à la réforme des abus et à la simplification des formalités, en les combinant avec une convenable célérité, avec le respect de tous les droits, et avec la liberté de l'attaque et de la défense.

PREMIÈRE PARTIE.

Saisie-Arrêt (1).

Dans l'état actuel de la législation, quelque faible que soit la somme due au saisissant par la partie saisie, quelque faible que soit la somme due à la partie saisie par le tiers saisi, le saisissant, s'il n'y a pas de titre, doit toujours s'adresser au président du tribunal civil ou de commerce pour être autorisé à former la saisie-arrêt. Dans ce cas et dans celui où le titre n'est pas authentique, s'il y a contestation sur la créance du saisissant, elle est portée, suivant la nature de la créance, devant le tribunal civil ou le tribunal de commerce; il suit de là que si la créance est commerciale, le tribunal de commerce statue d'abord sur la contestation; les parties reviennent ensuite devant le tribunal civil qui statue sur la validité de la saisie. Voilà donc déjà deux instances portées devant deux tribunaux du même degré, et deux jugements. Si ensuite la déclaration affirmative est contestée, il s'élève, pour la même affaire, une troisième instance qui peut être portée devant un troisième tribunal, dans le cas où le tiers saisi demande son renvoi devant son juge. (Art. 570 du Code de Procédure civile.)

On conçoit qu'à moins que la somme saisie arrêtée ne soit considérable, elle est bien vite absorbée par les frais, souvent même elle ne les couvre pas.

Le créancier est alors réduit à la triste option, ou de renoncer à un moyen légal de recouvrer sa créance, ou d'accabler de frais et ruiner son débiteur sans profit pour lui-même.

Si on considère que c'est surtout sur la classe peu aisée que pèse cette déplorable calamité, par la raison que c'est dans cette classe que se trouvent le plus souvent les créanciers et les débiteurs de faibles sommes, on reconnaîtra que la loi actuelle est éminemment vicieuse en ce qu'elle rejette hors du droit commun les classes inférieures.

Déjà le gouvernement paternel de l'Empereur a prouvé toute sa sollicitude pour elles en réformant de semblables abus; il suffit de lui signaler le mal pour qu'il s'empresse d'y remédier.

Le remède est bien simple et bien facile; c'est de revenir à la règle générale sur la compétence; car ce n'est que par une dérogation à cette règle que, lorsqu'une contestation est précédée d'une saisie-arrêt et qu'elle porte sur une somme de deux cents francs ou au-dessous, elle est enlevée à la juridiction des juges de paix, au grand dommage de toutes les parties; il suffirait de rendre à cette juridiction les attributions qu'elle possède dans tous les autres cas. On ne comprend pas, en effet, qu'un juge de paix ne connaisse pas d'une contestation sur une somme de deux cents francs et au dessous, parce qu'elle a commencé par une saisie-arrêt;

---

1) Le Code de Procédure, en tête du titre 7, livre 5. 1re partie, emploie ensemble les mots *saisies-arrêts ou oppositions*, et les reproduit ensemble partout : le seul mot *saisie-arrêt* nous semble suffisant. Son sens est bien fixé dans la pratique, et il n'a pas, comme le mot *opposition*, l'inconvénient d'exprimer un autre acte de procédure, le recours contre les jugements par défaut.

on ne conçoit pas davantage qu'il ne connaisse pas de la saisie-arrêt elle-même qui n'est, à proprement parler, qu'un incident de la contestation. Est-ce que l'importance de l'objet litigieux n'est pas toujours le même? Est-ce que, soit qu'il y ait, soit qu'il n'y ait pas saisie-arrêt, l'objet litigieux n'est pas toujours de deux cents francs et au-dessous? pourquoi donc, dans le cas unique de saisie-arrêt, faire exception à la règle?

Quant à l'importance de la somme saisie-arrêtée, elle est indifférente et n'a rien de commun avec la saisie-arrêt qui, formée pour une somme de deux cents francs ou au-dessous, ne frappe jamais, dans les mains du tiers-saisi, que cette somme. C'est seulement lorsque la déclaration affirmative est contestée que le nouveau litige s'engage entre le saisissant et le tiers-saisi, et ce dernier peut toujours demander son renvoi devant son juge.

La modification qui attribuerait aux juges de paix la connaissance tant de la saisie-arrêt formée pour une créance de deux cents francs ou au-dessous, que de la demande en validité de cette saisie, en faisant disparaître le grave inconvénient signalé ci-dessus, serait donc un véritable bienfait.

Les mêmes motifs militent *à fortiori* pour que, si la créance du saisissant est commerciale, la saisie-arrêt soit portée, soit quant au droit de la former, s'il est contesté, soit quant à la question de validité, devant le tribunal de commerce.

Pour réformer un abus qui s'est introduit dans la pratique, il serait également essentiel de faire subir une légère modification à l'article 570.

Comme cet article porte que le tiers saisi sera assigné en *déclaration affirmative devant le tribunal*, et comme il ne fixe pas le délai dans lequel cette déclaration doit être faite, l'usage, dans plusieurs tribunaux, et notamment au tribunal de la Seine, est que, outre le jugement qui statue sur la validité de la saisie, au regard de la partie saisie, le saisissant en obtienne encore un autre contre le tiers saisi ; ce deuxième jugement ordonne que le tiers saisi fera sa déclaration, et fixe le délai dans lequel il devra la faire, sous peine d'être déclaré débiteur pur et simple des causes de la saisie. Or, cette procédure qui augmente beaucoup la masse des frais, est tout-à-fait inutile lorsque, ce qui arrive presque toujours, la déclaration n'est pas contestée.

Enfin il est admis dans la pratique que, dans certains cas, notamment lorsque l'une des créances n'est pas liquide ou exigible, qu'ainsi la compensation ne peut avoir lieu, le créancier, qui est en même temps débiteur de son débiteur, a droit de former une saisie-arrêt entre ses propres mains. Il se fait alors une procédure fort bizarre : le saisissant se signifie à lui-même, à sa propre requête, l'exploit de saisie-arrêt, et forme aussi à sa requête contre lui-même la demande en déclaration affirmative. Il importe qu'une disposition de la loi fasse cesser cette étrange procédure, en prescrivant que ces deux exploits seront en ce cas supprimés, et qu'une seule demande, dont l'effet sera le même que l'exploit de saisie-arrêt, et qui, par conséquent, sera dispensée du préliminaire de conciliation, soit formée par le saisissant contre la partie saisie, aux fins auxquelles aurait tendu la demande en validité de la saisie-arrêt.

Diverses autres dispositions du Code devront encore subir de légers changements pour être mises en harmonie avec les modifications proposées.

Voici quel serait l'ensemble de ces modifications :

557. — Tout créancier peut, en vertu de titres authentiques ou privés, saisir-arrêter dans les mains d'un tiers les sommes et effets appartenant à son débiteur (1).

558. — S'il n'y a pas de titre, le juge du domicile du débiteur, et même celui du domicile du tiers saisi, pourront, sur requête, permettre la saisie-arrêt (2). La permission sera donnée, si la créance est de deux cents francs ou au-dessous, par le juge de paix ; si elle est commer-

---

(1) Nous supprimons les mots : *ou s'opposer à leur remise*, qui forment pléonasme. En effet, *saisir-arrêter une chose dans les mains d'un tiers* a exactement le même sens que *s'opposer à la remise de cette chose par le tiers qui en est dépositaire.*

(2) Nous supprimons partout les mots : *ou opposition*, sauf cette suppression et l'admission de la compétence des juges de paix et des tribunaux de Commerce, les articles suivants sont tous conservés.

ciale, quelle qu'en soit l'importance, par le président du tribunal de commerce ; dans tous les autres cas, par le président du tribunal civil.

559. — Tout exploit de saisie-arrêt fait en vertu d'un titre contiendra l'énonciation du titre et de la somme pour laquelle elle est faite ; si l'exploit est fait en vertu de la permission du juge, l'ordonnance énoncera la somme pour laquelle la saisie est faite, et il sera donné copie de l'ordonnance en tête de l'exploit. Si la créance pour laquelle on demande la permission de saisir-arrêter n'est pas liquide, l'évaluation en sera faite par le juge ; l'exploit contiendra aussi élection de domicile dans le lieu où demeure le tiers saisi, si le saisissant n'y demeure pas : le tout à peine de nullité.

560. — La saisie-arrêt entre les mains de personnes non demeurant en France, sur le continent, ne pourra être faite au domicile des procureurs impériaux ; elle devra être signifiée à personne ou à domicile.

561. — La saisie-arrêt formée entre les mains des receveurs dépositaires ou administrateurs de caisses ou deniers publics, en cette qualité, ne sera pas valable si l'exploit n'est signifié à la personne préposée pour le recevoir, et s'il n'est par elle visé sur l'original, ou en cas de refus, par le procureur impérial.

562. — L'huissier qui aura signifié la saisie-arrêt sera tenu, s'il en est requis, de justifier de l'existence du saisissant à l'époque où le pouvoir de saisir a été donné, à peine d'interdiction et des dommages-intérêts des parties.

563. — Dans la huitaine de la saisie-arrêt, outre un jour pour trois myriamètres de distance entre le domicile du tiers saisi et celui du saisissant, et un jour pour trois myriamètres de distance entre le domicile de ce dernier et celui du débiteur saisi, le saisissant sera tenu de dénoncer la saisie-arrêt au débiteur saisi ; le même exploit contiendra, s'il n'y a pas de titre, ou si le titre est privé, demande en condamnation de la somme réclamée par le saisissant (1) ; et, dans tous les cas, demande en validité de la saisie-arrêt, sans citation préalable en conciliation.

564. — Dans un pareil délai, outre celui à raison des distances, à compter du jour de la demande en validité, cette demande sera dénoncée à la requête du saisissant au tiers saisi ; le même exploit contiendra sommation au tiers saisi de faire, dans le délai de huitaine, outre celui à raison des distances, sa déclaration affirmative. S'il y a titre authentique ou jugement qui déclare la saisie-arrêt valable, il contiendra en outre assignation à comparaître devant le tribunal qui doit connaître de la saisie pour le cas où la déclaration serait contestée ou ne serait pas faite (2).

565. — Faute de demande en validité dans le délai fixé ci-dessus, la saisie-arrêt sera nulle ; faute de dénonciation de cette demande au tiers saisi dans le délai aussi fixé ci-dessus, les paiements par lui faits jusqu'à cette dénonciation seront valables (3).

566. — La demande en validité et celle afin de condamnation, s'il n'y a pas de titre, ou si le titre n'est pas authentique, seront, de même que la demande en main-levée de la saisie que pourra former la partie saisie, portées devant le juge de paix du domicile de cette dernière lorsque la créance du saisissant sera de deux cents francs ou au-dessous, devant le tribunal de commerce lorsque la créance sera commerciale, et dans les autres cas, devant le tribunal civil.

---

(1) Le Code omet la demande en condamnation de la somme réclamée sans titre ou avec titre privé ; cependant, la validité de la saisie-arrêt n'est que la conséquence de cette condamnation. On évite par là une deuxième instance et un deuxième jugement, qui seraient nécessaires si le saisissant, n'obtenant pas son paiement intégral par l'effet de la saisie-arrêt, était obligé de recourir à d'autres voies d'exécution.

(2) Nous supprimons comme inutile la disposition finale de l'article 564, portant *que le tiers saisi ne sera tenu de faire aucune déclaration avant que la dénonciation de la demande en validité lui ait été faite* ; il est évident qu'il ne peut être obligé de faire sa déclaration avant d'avoir reçu sommation de faire cette déclaration, et cette sommation ne peut elle-même avoir lieu avant la dénonciation de la demande en validité.

S'il y a titre authentique, la dénonciation de la demande en validité de la saisie doit comprendre la sommation de faire la déclaration.

(3) Le Code porte : les paiements faits jusqu'à la déclaration seront valables. Nous substituons le mot dénonciation au mot déclaration, ce qui est plus logique. En effet, le tiers saisi ne recevant pas dans le délai légal la dénonciation de la demande en validité, peut, à bon droit, en conclure que le saisissant a abandonné la saisie-arrêt et y a renoncé au moins tacitement ; et, comme les fonds de la partie saisie ne peuvent être indéfiniment paralysés, cette partie peut contraindre le tiers saisi à payer ; mais, du moment où la dénonciation est faite, cette présomption n'est plus possible.

(1) Il sera toujours statué définitivement sur le tout par le même jugement.

567. — La sommation afin de déclaration affirmative ne pourra, s'il n'y a titre authentique, être faite qu'après le jugement qui aura déclaré la saisie-arrêt valable ; elle devra être formée dans la huitaine après l'expiration du délai d'appel de ce jugement ou après la signification du jugement ou de l'arrêt rendu sur l'appel. Les paiements faits par le tiers saisi après ces délais jusqu'à ladite sommation seront valables (2).

568. — Les fonctionnaires publics dont il est parlé en l'art. 561 ne seront pas sommés de faire leur déclaration, mais ils délivreront un certificat constatant s'il est dû à la partie saisie. et énonçant la somme si elle est liquide.

569. — Le tiers saisi devra, dans la huitaine de la sommation outre le délai à raison des distances, faire et affirmer au greffe du tribunal qui doit connaître de la saisie sa déclaration affirmative, sauf à lui, si cette déclaration est contestée, à demander son renvoi devant son juge (3).

570. — Si le tiers saisi n'est pas sur les lieux, il pourra faire et affirmer sa déclaration devant le juge de paix de son domicile.

571. — La déclaration et l'affirmation pourront être faites par procuration spéciale.

572. — La déclaration énoncera les causes et le montant de la dette, les paiements à compte, si aucuns ont été faits, l'acte ou les causes de libération, si le tiers saisi n'est plus débiteur. et dans tous les cas, les saisies-arrêts formées entre ses mains.

573. — Les pièces justificatives de la déclaration seront annexées à cette déclaration : le tout sera déposé au greffe, et l'acte de dépôt sera signifié par le tiers saisi au saisissant si l'affaire est portée devant un juge de paix, et par un simple acte d'avoué à avoué avec constitution d'avoué si elle est portée devant un tribunal civil.

574. — S'il survient de nouvelles saisies-arrêts, le tiers-saisi les dénoncera au premier saisissant, par extrait contenant les noms et élection de domicile des saisissants, et les causes des saisies-arrêts.

Cette dénonciation sera faite par acte d'avoué à avoué, si le tribunal civil est compétent; si c'est le juge de paix ou le tribunal de commerce, elle sera faite au domicile réel du saisissant ou au domicile par lui élu dans l'exploit de saisie-arrêt.

Dans tous les cas, elle devra être faite dans la huitaine de la signification des saisies-arrêts, à peine de tous dommages-intérêts (4).

575. — Si la déclaration n'est pas contestée, il ne sera fait aucune autre procédure ni de la part du tiers-saisi ni contre lui.

576. — Le tiers-saisi qui ne fera pas sa déclaration dans le délai fixé par l'art. 569, ou qui ne fera pas les justifications ordonnées par les articles ci-dessus, sera déclaré débiteur pur et simple des causes de la saisie (5).

577. — Si la saisie-arrêt est formée sur effets mobiliers, le tiers-saisi sera tenu de joindre à sa déclaration un état détaillé desdits effets.

578. — Si la saisie-arrêt est déclarée valable, il sera procédé à la vente suivant les formalités prescrites au titre des saisies-exécutions ; après cette vente, de même que si la saisie-arrêt

---

(1) Cette règle reçoit exception dans le cas où il serait, sur la demande en condamnation des causes de la saisie, rendu des jugements préparatoires ou interlocutoires. Il ne sera statué alors sur la demande en validité de la saisie que par le jugement qui statuera définitivement sur la demande en condamnation.

(2) Ainsi le saisissant ne pourra plus à son gre retarder la sommation afin de déclaration : cette disposition est correlative à celle de l'art. 565, les deux cas étant analogues.

(3) Nous expliquons, art. 564, que la dénonciation de la demande en validité, s'il y a titre authentique, doit contenir : 1° sommation au tiers saisi de faire sa déclaration affirmative; 2° assignation devant le tribunal, pour le cas où la déclaration serait contestée, pour éviter, dans ce dernier cas, un deuxième exploit afin d'assignation.

La marche à suivre est ainsi nettement tracée : le tiers saisi sur la sommation doit, dans le délai légal, faire sa déclaration, et c'est seulement pour le cas où elle serait contestée, que l'assignation devant le tribunal lui est donnée par le même exploit.

(4) Cette disposition a pour objet de ne pas laisser en souffrance l'instance sur la saisie-arrêt et la distribution qui doit la suivre.

(5) Le jugement qui déclarera le tiers saisi débiteur pur et simple, faute de déclaration dans le délai légal, sera rendu après l'expiration de ce délai, sans autre assignation que celle contenue en la sommation de faire ladite déclaration ; il sera par défaut, si le tiers saisi n'a pas constitué avoué, et ne se présente pas; mais le tiers saisi pourra y former opposition dans les délai et forme ordinaires.

porte sur une créance ou une somme d'argent, il sera, dans le cas où il existerait d'autres saisies-arrêts formées en temps utile, procédé à la distribution du prix ou de la somme saisie-
arrêtée, ainsi qu'il est dit au titre de la distribution par contribution (1).

579. — Dans le cas où un créancier croira devoir saisir-arrêter entre ses propres mains des
sommes ou effets appartenant à son débiteur et que le créancier aura en sa possession, il ne
sera fait aucun acte de procédure préalable.

L'assignation sera délivrée, sans préliminaire de conciliation, à la partie saisie et aura l'effet
d'une saisie-arrêt formée dans les mains d'un tiers.

580. — Les traitements et pensions dus par l'État ne pourront être saisis que pour la portion déterminée par les lois, ordonnances et décrets.

581. — }
582. — } Ces deux articles sont littéralement conservés.

SECONDE PARTIE.

Distribution par Contribution.

Bien que l'art. 656 du Code de Procédure impose au saisi et aux créanciers l'obligation de
convenir, dans un délai déterminé, de la distribution par contribution, comme cette obligation
ne comporte pas de sanction pénale, elle ne reçoit pour ainsi dire jamais d'exécution.

En effet, le saisi, dont la mauvaise humeur se conçoit, est bien rarement disposé à concourir
à un réglement amiable, et encore moins à faire les démarches nécessaires pour réunir ses
créanciers; ceux-ci, d'un autre côté, ne prennent guère l'initiative pour convoquer tous les
intéressés à cette réunion; et, dans tous les cas, quel résultat peut-on en attendre, lorsque ce
résultat dépend de la négligence ou du caprice d'un seul de ces intéressés?

Cependant, en aucun cas la tentative de conciliation, si heureusement introduite dans notre
procédure depuis plus de soixante ans, n'est aussi nécessaire que dans ces sortes d'affaires
qui, le plus souvent, n'ont pour objet que de simples formalités, sans aucun litige, et qui, par les
voies judiciaires, occasionnent de si énormes frais.

La loi ne doit donc pas se borner à une stérile recommandation; elle doit, comme dans les
matières ordinaires, déterminer les formalités et contraindre, sous peine d'amende, à l'accomplissement de cette tentative; elle doit prescrire le concours, la direction et l'impulsion per-
suasive d'un magistrat. D'un autre côté, il faut que la négligence ou l'esprit de chicane
puissent être constatés, et qu'ils n'obtiennent pas une prime scandaleuse, comme il arrive dans
les cas fort rares où la distribution a lieu à l'amiable; alors, en effet, un ou plusieurs créanciers
rançonnent tous les autres, et se font payer leur consentement au prix d'un prélèvement plus
ou moins considérable sur la masse à distribuer; il faut que ces manœuvres déloyales soient
punies comme elles le méritent; il faut que les frais des téméraires contestations soient suppor-
tés par ceux qui les auront occasionnés.

Au moyen de toutes ces mesures, tous les intéressés réuniront leurs efforts pour arriver à
un arrangement à l'amiable; la tentative de conciliation produira les plus heureux effets, et
les neuf dixièmes au moins des distributions par contribution seront dorénavant réglées par
cette voie.

Cette tentative devra avoir lieu devant le magistrat qui serait, s'il n'y avait pas conciliation,
préposé à la distribution judiciaire; par là il sera dès le principe initié à tous les détails de
l'affaire, il pourra mieux apprécier les causes qui auront empêché l'arrangement, et par suite

---

(1) Nous avons cru devoir donner plus de précision à l'art. 579 du Code, qui est peu correct dans ses termes, car il porte textuellement qu'il sera procédé à la *vente... ainsi qu'il est dit au titre de la distribution par contribution,* or, il est certain que ce titre ne s'occupe pas de la *vente* d'objets mobiliers.

éclairer la religion de ses collègues sur le sort des dépens; enfin, le travail auquel il se sera livré pour la conciliation ne lui sera pas inutile lorsqu'il s'agira des opérations judiciaires.

Nous proposons pour ces opérations la fixation de délais qui ne permettront plus que les distributions par contribution restent en souffrance pendant des années entières, au grand préjudice des parties; des amendes seront infligées à ceux qui auront apporté de la négligence; elles atteindront les auteurs des retards, et même les greffiers qui devront prêter un concours actif à divers actes de la procédure.

Le compte qui sera rendu chaque année sur l'accomplissement des formalités dans les délais légaux et sur la négligence qui y aura été apportée, permettra au ministre de la justice de reconnaître si les magistrats auront toujours apporté eux-mêmes l'exactitude et la célérité dont ils doivent donner l'exemple.

Comme, par l'ensemble des mesures que nous proposons pour éviter tout retard, il ne sera plus à craindre que les dépositaires des fonds à distribuer les conservent longtemps dans les mains, nous supprimons la disposition qui oblige les officiers ministériels à déposer ces fonds dans un court délai à la caisse des dépôts et consignations; par là les frais de déplacement de ces officiers et les frais des actes nécessaires pour la garantie à laquelle a droit l'administration publique seront épargnés.

Enfin, comme tous les motifs qui nous ont déterminé à proposer l'attribution aux juges de paix de la saisie-arrêt, dans le cas où l'affaire rentre par sa nature dans leur compétence, militent également pour que la même attribution leur soit faite à l'égard de la distribution par contribution, qui n'est le plus souvent que le complément de cette saisie, nous proposons que la distribution ait lieu devant ces magistrats lorsque la somme à distribuer n'excédera pas deux cents francs, quel que soit d'ailleurs le tribunal qui aura connu de la saisie; les frais de justice devant cette juridiction étant bien moindres que devant les tribunaux civils de première instance, on ne verra plus ces frais absorber la très-majeure partie de la somme à distribuer lorsque cette somme sera peu élevée; il en sera ainsi surtout en employant dans ce cas, comme nous le proposons, la poste aux lettres pour les avis à donner aux intéressés.

L'organisation actuelle de l'administration des postes, la régularité et la célérité de son service et les garanties qu'elle présente, ne permettent pas d'hésiter, lorsqu'il s'agit d'objets d'une importance secondaire, à recourir à cette voie de communication.

Cet essai est fait avec succès dans un cas analogue à l'égard des invitations pour les tentatives de conciliation qui, dans les affaires ordinaires, doivent précéder devant les juges de paix les exploits des officiers ministériels. (Loi du 2 mai 1855.)

Pour donner plus de garantie, nous pensons qu'il est essentiel de prescrire en outre le chargement des lettres, formalité qui n'a pas lieu dans le cas précité; on sait qu'en remplissant cette formalité fort peu dispendieuse, les lettres ne peuvent être remises à d'autres qu'au destinataire, et que cette remise est constatée par sa signature sur un registre spécial, ou, s'il ne sait pas signer, par la signature de deux témoins.

Par suite de ces modifications, la loi sur la distribution par contribution serait conçue en ces termes :

656. — Si les deniers arrêtés ou le prix des ventes ne suffisent pas pour payer les créanciers, le saisissant sera tenu, dans la quinzaine qui suivra la fin de l'instance de saisie-arrêt ou la vente, de déposer au greffe de la justice de paix du lieu où la distribution par contribution devra être faite, si la somme à distribuer est de deux cents francs ou au-dessous, et dans tous les autres cas au greffe du tribunal civil, toutes les pièces de la poursuite, y compris les jugements, copies d'opposition et de toutes autres significations, et aussi les procès-verbaux de vente (1). Ce dépôt sera constaté sur un registre spécial (2).

---

(1) Par ce dépôt obligatoire dans le délai fixé sous peine d'amende, le dépositaire ne peut conserver longtemps les fonds dans ses mains; d'un autre côté, le greffier, trouvant dans les pièces déposées tous les documents nécessaires pour les lettres de convocation qu'il est tenu d'adresser aux intéressés, il ne peut y avoir aucun retard.

(2) Les agents de l'administration de l'enregistrement constateront sur ce registre les contraventions par des

Dans les trois jours à partir dudit dépôt, s'il est fait au greffe d'un tribunal civil, il sera, sur le registre, commis un juge par le président.

657. — Dans la quinzaine à partir du même dépôt, le greffier, après avoir fait fixer par une ordonnance du juge commis ou du juge de paix, portée sur le registre, les lieu, jour et heure de la réunion pour la tentative de conciliation, adressera à la partie saisie et à tous les créanciers saisissants ou opposants, à leurs domiciles réels ou élus, désignés dans les actes déposés, des lettres de convocation indiquant lesdits lieu, jour et heure et le but de la réunion, avec recommandation de s'y présenter en personne ou par un mandataire, avec toutes les pièces et documents à l'appui de leurs prétentions, sous peine de tous dépens, dommages-intérêts, et d'une amende de dix à cent francs (1).

Chaque lettre sera affranchie et chargée séparément; il sera donné au greffier, par le directeur de la poste, une seule quittance de la somme déboursée; la quittance contiendra copie de la suscription de chaque lettre (2).

Il y aura entre la date de cette quittance et le jour de la réunion un intervalle de huit jours au moins et de quinze jours au plus, outre le délai légal des distances entre le lieu de la réunion et le domicile du convoqué le plus éloigné.

658. — Le juge commis ou le juge de paix, après avoir taxé tous les frais, procédera, assisté du greffier, si tous les créanciers sont présents et s'il n'y a pas de contestation, à la vérification, à l'affirmation et à l'admission des créances, puis au réglement (3), tant en présence qu'en l'absence de la partie saisie.

En cas d'absence d'un créancier saisissant ou opposant, il pourra être condamné par le magistrat à une amende de dix à cent francs, et la tentative de conciliation pourra être remise à tel autre jour qui sera indiqué par le juge et auquel tous les créanciers présents seront tenus de se représenter sans nouvel avis, sous peine de semblable amende; l'absent y sera appelé par une nouvelle lettre chargée dans laquelle il sera informé de l'amende qui aura été prononcée contre lui.

Il ne pourra y avoir une deuxième remise.

659. — Il sera dans tous les cas dressé procès-verbal.

S'il y a conciliation, le procès-verbal contiendra le réglement de la distribution, et sera signé par les parties, le juge et le greffier; s'il y a lieu, des mandements de collocation seront délivrés dans le délai prescrit par l'art..... (4).

S'il n'y a pas conciliation, le procès-verbal constatera seulement la présence des personnes qui se seront présentées et la cause de la non-conciliation, et le magistrat renverra les parties à se pourvoir pour un réglement judiciaire; ce procès-verbal ne sera pas levé. Les opérations de la distribution judiciaire seront inscrites à la suite dudit procès-verbal.

660. — Si la distribution est attribuée au juge de paix, le greffier, dans la huitaine de ce procès-verbal, adressera de nouvelles lettres, dans la forme portée à l'art. 657, à toutes les parties, en les informant que cette fois il s'agira d'une distribution judiciaire, et en faisant injonction aux créanciers saisissants et opposants de produire dans la quinzaine, à peine de forclusion, ès-mains du juge de paix.

Si la distribution a lieu devant un juge commis, le saisissant, dans la huitaine à partir du procès-verbal, sinon dans la huitaine suivante la partie la plus diligente dont la priorité sera constatée par une déclaration sur le registre du greffe, aura le droit de sommer les autres

---

procès-verbaux; et le ministère public, sur ces procès-verbaux ou d'office, en poursuivra la répression, comme dans toutes les autres affaires de même nature.

(1) Cette combinaison nous a paru la plus sûre, la plus expéditive et la moins dispendieuse. Les greffiers des tribunaux de commerce emploient le même moyen pour les convocations des créanciers aux assemblées prescrites par la loi dans les faillites.

(2) L'envoi et la date de l'envoi des lettres d'avis et de convocation seront ainsi bien établis.

(3) Nous pensons que le concours de la partie saisie n'est pas indispensable ; elle est représentée par les créanciers, qui sont les adversaires les uns des autres ; aussi, très rarement la partie saisie est présente aux distributions judiciaires.

(4) Les conventions ayant lieu avec le concours d'un magistrat, et étant constatées par lui sous l'assistance du greffier, l'acte revêt un caractère authentique : nous disons que des mandements seront délivrés, s'il y a lieu, parce qu'il peut se faire que les fonds soient versés à l'instant même, et alors le procès-verbal le constatera.

créanciers de produire ès-mains du juge; à défaut de sommation dans ledit délai, la partie saisie pourra, sur sa simple quittance, retirer les fonds à distribuer des mains du dépositaire tant que ladite sommation n'aura pas été faite (1).

Dans la quinzaine de l'injonction ou de la sommation, les créanciers produiront, à peine de forclusion, leurs titres avec acte contenant demande en collocation; et, si la production a lieu devant le juge commis, avec constitution d'avoué; la date de chaque production et le nombre des pièces produites, après qu'elles auront été cotées et paraphées par le juge, seront constatés sur le procès-verbal.

661. — L'acte de production contiendra la demande afin de privilége; néanmoins, le propriétaire pourra appeler en référé la partie saisie, et, devant le juge de paix le saisissant, devant le juge commis l'avoué plus ancien, pour faire statuer préliminairement sur son privilége pour raison des loyers à lui dus.

662. — Les frais de poursuite seront prélevés par privilége avant toute créance autre que celle pour loyers dus au propriétaire; il en sera de même des frais de la tentative de conciliation, qui seront préférés même à la créance pour loyer.

663. — Immédiatement après le délai fixé ci-dessus, et même auparavant, si tous les créanciers saisissants ou opposants ont produit, le juge dressera lui-même l'état de distribution sur les pièces produites, sans qu'il puisse y avoir plus de dix jours d'intervalle entre le jour où il peut être procédé à cette opération et la date dudit état (2).

Si la distribution a lieu devant un juge de paix, le greffier devra, dans la huitaine de la date de cet état, informer, par lettres chargées et constatées de la manière portée en l'article 657, les créanciers produisants et la partie saisie que l'état est dressé et qu'ils ont la faculté d'en prendre communication au greffe, et de contredire sur le procès-verbal dans la quinzaine, à partir de la date des lettres, à peine de déchéance.

Si la distribution a lieu devant un juge commis, le poursuivant donnera le même avis, dans le même délai de huitaine, par acte d'avoué aux créanciers produisants et à la partie saisie.

664. — La déchéance sera encourue à l'égard de chaque partie à l'expiration de la quinzaine, à partir de l'avis à elle donné.

665. — S'il n'y a pas de contestation, le juge clora son procès-verbal dans la huitaine à partir de l'expiration du délai accordé pour contredire; il arrêtera la distribution des deniers, et ordonnera que le greffier délivrera mandement aux créanciers du montant de leurs collocations.

666. — S'il s'élève des difficultés, le juge ordonnera la consignation dans la huitaine suivante, à la charge de toutes les oppositions, du montant de la vente, déduction faite des frais de l'officier qui y aura procédé, d'après la taxe qui aura été faite par ledit juge sur la minute du procès-verbal, et il renverra à l'audience qui sera fixée par lui sur le procès-verbal, après, si l'affaire doit être portée devant un tribunal de première instance, que le juge se sera entendu avec le président du tribunal ou de la chambre pour la fixation de cette audience.

667. — Si la distribution est suivie devant un juge de paix, les parties seront informées du jour de l'audience, au moins trois jours à l'avance, par lettres du greffier, adressées et constatées, comme il est dit en l'article 657; le juge de paix statuera, après avoir entendu celles des parties qui se présenteront.

Si la contestation n'est pas dans les attributions du juge de paix, il renverra les parties devant le tribunal compétent et surseoira à la distribution jusqu'après la décision définitive (3).

---

(1) Il n'y a aucune difficulté à ce que le greffier du juge de paix soit tenu d'adresser aux créanciers les lettres qui leur enjoindront de produire; mais, devant le juge commis, il s'agit d'une sommation et d'une poursuite qu'on ne peut contraindre aucune partie d'exercer contre son gré, il fallait donc une sanction pénale afin d'obliger l'un des intéressés à prendre, dans un délai fixé, l'initiative de la poursuite; or cette sanction ne peut être autre que la déchéance du droit, pour les créanciers négligents, de se distribuer entr'eux la somme déposée; si cependant la partie saisie néglige elle-même de retirer les fonds, la sommation pourra toujours être faite utilement : cette combinaison nous a paru concilier tous les droits, tous les intérêts, et ne pas permettre de lenteur.

(2) On a reconnu combien était abusif l'usage de confier aux avoués qui en chargent leurs clercs, la préparation de l'état de collocation, dit *réglement provisoire*. C'est pour le faire cesser que nous pensons qu'on doit imposer au juge l'obligation de dresser lui-même cet état ou réglement.

(3) Le renvoi par le juge de paix n'aura lieu que dans le cas très rare où la créance contestée sera supérieure à 200 f.; le débat alors sera étranger à la poursuite de distribution qui devra être suspendue.

668. — Si la distribution est suivie devant un juge commis, le créancier contestant, celui contesté, la partie saisie et l'avoué le plus ancien des opposants seront seuls en cause ; le poursuivant ne pourra être appelé en cette qualité.

669. — Le jugement sera rendu sur le rapport du juge commis et les conclusions du ministère public.

670. — Le jugement du juge de paix ou du tribunal sera signifié, dans la quinzaine à partir de sa date, aux seules parties qui auront pris part à la contestation s'il est rendu par un juge de paix, et seulement par acte d'avoué s'il est rendu par un tribunal de première instance.

L'appel sera interjeté dans les dix jours de la signification ; si le jugement est rendu par un tribunal civil, l'acte d'appel sera signifié au domicile de l'avoué ; il contiendra citation et énonciation des griefs ; il y sera statué comme en matière sommaire ; ne pourront être intimées sur ledit appel que les parties indiquées dans l'article 668.

671. — Dans la huitaine qui suivra le délai fixé pour l'appel, et en cas d'appel dans la huitaine qui suivra la signification du jugement ou de l'arrêt qui sera toujours faite par acte d'avoué, toutes les pièces nécessaires au réglement de la distribution seront rétablies au greffe du tribunal ou de la justice de paix où la distribution sera suivie ; il en sera dressé acte sur le registre des distributions par contribution.

672. — Le juge commis ou le juge de paix clora son procès-verbal dans les dix jours qui suivront ce dépôt (3).

TROISIÈME PARTIE.

Ordre.

Tous les motifs pour lesquels nous avons proposé des modifications à la procédure de la distribution par contribution, existent pour que des modifications analogues soient apportées à la procédure de l'Ordre. Nous nous dispenserons donc de reproduire ici ces motifs.

Toutefois, nous n'admettons pas pour l'Ordre la compétence du juge de paix, même pour la tentative de conciliation.

En effet, déjà nous avons établi que cette tentative dans ces sortes d'affaires doit exceptionnellement avoir lieu devant le magistrat, devant lequel, si elle échoue, il sera procédé judiciairement.

D'un autre côté, il est extrêmement rare que le prix d'immeubles vendus, destiné à être attribué à des créanciers privilégiés ou hypothécaires, n'excède pas deux cents francs ; il n'est pas moins rare que des créances hypothécaires qui ne peuvent tenir cette qualité que de jugements, d'actes authentiques ou bien de la loi, à l'égard des créances des femmes mariées ou des mineurs sur les biens des maris et tuteurs, ne soient pas supérieures à ladite somme de deux cents francs.

De plus, l'Ordre ayant toujours pour objet la distribution d'un prix d'immeubles, est le plus souvent précédé de la saisie de ces immeubles, qui ne peut être suivie que devant un tribunal civil, il faudrait donc dessaisir ce tribunal pour porter devant un juge de paix la continuation de la procédure.

Souvent aussi il arrive que les prix à distribuer proviennent d'immeubles situés dans divers cantons ; il faudrait donc autant d'ordres qu'il y aurait de cantons, ou bien la procédure devant le juge de paix d'un seul canton aurait les plus graves inconvénients.

Enfin les contestations qui s'élèvent dans les ordres ont le plus souvent pour objet des droits

---

(3) Nous avons placé à la fin de ce travail diverses dispositions qui sont communes aux distributions par

de privilége ou d'hypothèque de nature essentiellement immobilière et de valeur indéterminée qui, par conséquent, excèdent toujours la compétence des juges de paix.

L'innovation qui attribuerait l'ordre aux juges de paix dans le cas où la somme à distribuer n'excède pas deux cents francs, ne recevrait donc qu'une application extrêmement rare, et, loin de diminuer les frais, loin de simplifier la procédure, elle produirait des résultats tout-à-fait opposés.

Nous indiquerons sur chaque disposition du projet que nous proposons, les motifs des modifications qui nous paraissent nécessaires.

Les numéros des articles seront placés ultérieurement pour correspondre, autant que possible, aux numéros du Code.

Le jugement d'adjudication et, en cas d'appel, l'arrêt confirmatif seront signifiés dans la quinzaine de leur date (1).

Dans la huitaine après l'expiration du délai d'appel, si le jugement n'est pas attaqué, et dans le cas contraire, dans la huitaine après la signification de l'arrêt confirmatif, la partie à la requête de laquelle la signification aura été faite, devra en faire, par le ministère d'un avoué, la déclaration au greffe du tribunal qui devra connaitre de l'Ordre, par un dire sur le registre des ordres (2)

Si cette partie n'est pas le poursuivant, dans les trois jours qui suivront ladite déclaration, le greffier en donnera avis à l'avoué dudit poursuivant qui donnera acte de cet avis sur le registre et qui sera tenu en même temps de déposer au greffe l'extrait des inscriptions levé pour les sommations prescrites par l'art. 692 (3).

Dans les trois jours qui suivront ce dépôt, le greffier requerra du conservateur un extrait supplémentaire d'inscriptions, et, dans ce même délai, le président nommera sur le registre un juge-commissaire (4).

Dans la quinzaine après cette nomination, le greffier, après avoir fait fixer sur le registre par le juge commis les lieu, jour et heure de la réunion pour la tentative d'ordre à l'amiable, adressera à l'adjudicataire, à tous les créanciers inscrits, aux domiciles élus (5), et à la partie saisie à son domicile réel, des lettres de convocation dans la forme prescrite par l'art. 657, en observant les délais et les moyens de constatation portés audit article.

Le juge commis procédera, assisté du greffier, si tous les créanciers sont présents et s'il n'y a pas de contestation, à la vérification, à l'affirmation et à l'admission des créances, puis au réglement de l'ordre, tant en la présence qu'en l'absence de la partie saisie et de l'adjudicataire (6).

---

contribution et aux Ordres. Elles pourraient, du reste, être placées tout aussi bien ici ; et, dans ce cas, à la fin du projet pour l'Ordre, on renverrait à ces dispositions, qui seraient dans tous les cas applicables aux contributions et aux ordres.

Nous ne reproduisons pas la disposition de l'art. 671, sur l'affirmation au moment de la délivrance de l'expédition du mandement de collocation. Nous pensons que cette formalité, surtout lorsque tout est terminé, est tout-à-fait illusoire : aussi n'y a-t-il pas d'exemple qu'un créancier ait jamais été retenu par ce serment et ait, par suite, renoncé à profiter du mandement.

La disposition relative aux intérèts trouvera mieux sa place dans la partie de ce travail qui contient des dispositions communes à la contribution et à l'ordre.

(1) Cette première disposition a pour objet ne pas laisser écouler, comme il arrive trop souvent, un long espace de temps, et même des années, entre le jugement d'adjudication et l'ordre.

(2) Cette déclaration a pour but de mettre sans retard le greffier en mesure pour procéder aux premières formalités de la tentative de conciliation. Le ministère d'un avoué est exigé pour éviter tout déplacement et pour donner un caractère de certitude et de régularité à la déclaration.

(3) Cet extrait appartient à la poursuite ; le greffier y puise sans frais, ainsi que dans la minute du jugement et le cahier des charges, les documents nécessaires pour l'essai de conciliation.

(4) Des inscriptions auront pu être requises dans l'intervalle entre les sommations de l'art. 692 et les premiers actes de l'ordre.

(5) On pourrait ajouter : et à leurs domiciles réels, pour être plus certain que l'avis leur sera parvenu personnellement.

(6) La présence de la partie saisie et de l'adjudicataire aux ordres judiciaires est fort rare : on n'en procède pas moins aux opérations sans leur concours ; il doit en être de même ici.

En cas d'absence d'un créancier inscrit, il pourra être condamné par le juge à une amende de dix à cent francs; la tentative de conciliation pourra être remise à tel autre jour qui sera indiqué et auquel tous les créanciers présents seront tenus de se représenter, sans nouvel avis, sous peine de semblable amende; l'absent y sera appelé par une nouvelle lettre chargée dans laquelle il sera informé de l'amende qui aura pu être prononcée contre lui.

Il ne pourra y avoir une deuxième remise.

Il sera, dans tous les cas, dressé procès-verbal.

S'il y a conciliation, le procès-verbal contiendra le réglement de l'ordre dressé par le juge, et sera signé par les parties, le juge et le greffier. Les bordereaux de collocation seront délivrés en la forme exécutoire dans le délai porté en l'art.....

S'il n'y a pas conciliation, le procès-verbal constatera seulement la présence des personnes qui se seront présentées, la déclaration signée de ceux de ces créanciers qui reconnaîtront n'avoir pas de droits au prix à distribuer ou renonceront à ces droits, et la cause de la non-conciliation.

Le juge renverra les parties à se pourvoir pour un réglement judiciaire : ce procès-verbal ne sera pas levé; les extraits d'inscription y seront annexés. Les opérations de l'ordre judiciaire seront inscrites à la suite dudit procès-verbal.

Dans ce cas, le saisissant dans la huitaine à partir du procès-verbal, sinon dans la huitaine suivante la partie la plus diligente dont la priorité sera constatée par une déclaration au registre, pourra sommer les créanciers inscrits qui n'auront pas reconnu n'avoir pas de droits au prix à distribuer ou n'y auront pas renoncé par le procès-verbal de non-conciliation, de produire, par acte signifié aux domiciles élus par les inscriptions ou par acte d'avoué, s'il y en a de constitués (1).

Dans le mois de cette sommation, chaque créancier sera tenu de produire ses titres avec acte de produit signé de son avoué et contenant demande en collocation; le commissaire constatera sur le procès-verbal la date de chaque production et le nombre des pièces produites, après les avoir cotées et paraphées.

Le mois expiré et même auparavant si les créanciers ont produit, le commissaire dressera lui-même sur le procès-verbal l'état de collocation d'après les pièces produites; cet état devra être fait dans la quinzaine qui suivra l'expiration du délai accordé pour produire.

Dans la huitaine qui suivra la date dudit état, le poursuivant dénoncera sa confection par acte d'avoué à avoué aux créanciers produisants et à la partie saisie avec sommation d'en prendre communication et de contredire, s'il y échet, sur le procès-verbal du commissaire, dans le délai d'un mois (2).

Faute par les créanciers produisants et la partie saisie de contester dans ledit délai, ils demeureront forclos sans nouvelle sommation ni jugement.

Les créanciers qui n'auront produit qu'après le délai sus fixé supporteront, sans répétition et sans pouvoir les employer dans aucun cas, les frais auxquels leur production tardive, la déclaration d'icelle par acte d'avoué à avoué qu'ils devront faire dans les trois jours de la production aux créanciers produisants et à la partie saisie à l'effet d'en prendre communication, la dénonciation de la résolution du juge-commissaire, et tous autres frais auront donné lieu; ils supporteront également tous intérêts et dommages-intérêts qui pourraient résulter du retard de l'ordre.

L'appréciation de ces frais et dommages-intérêts sera faite par le juge-commissaire, sur la requête à lui présentée, et la production ne sera admise et ne pourra être dénoncée qu'à la condition que la somme fixée aura été préalablement consignée à la caisse des dépôts et consi-

---

(1) Nous n'imposons pas ici l'obligation, sous peine d'amende, de poursuivre l'ordre judiciaire dans un délai déterminé, par la raison que cette obligation ne peut être imposée à personne; cependant, il pourra en résulter un retard dans les poursuites : ne serait-ce pas le cas d'ajouter ici l'alinéa suivant : « Faute par les créanciers d'avoir fait ladite sommation dans le délai d'un mois, les paiements que l'adjudicataire pourrait faire » à la partie saisie sans égard aux priviléges et hypothèques, seraient valables. » Le créancier qui voudrait conserver ses droits devrait poursuivre, sinon il serait exposé à les perdre.

(2) La partie saisie n'ayant presque jamais d'avoué constitué, la sommation lui est faite par acte extra-judiciaire; et, si, comme toujours, elle fait défaut, on pourrait sans inconvénient dispenser le poursuivant de lui faire cette sommation; elle est représentée à l'ordre par les créanciers, adversaires nés les uns des autres.

gnations ; à défaut de production du certificat de consignation, l'Ordre sera suivi comme si la production n'existait pas (1).

Si, par suite de cette production, il y a lieu de modifier l'état de collocation, la modification sera faite par le juge-commissaire dans la quinzaine qui suivra la dénonciation de ladite production ; et, dans tous les cas, la résolution prise par le juge-commissaire sera inscrite dans ce délai sur le procès-verbal.

Dans les trois jours qui suivront la date de la résolution prise, sur la production tardive, par le juge-commissaire, le poursuivant la dénoncera aux créanciers et à la partie saisie par acte d'avoué à avoué, avec sommation de contredire dans un nouveau délai de quinzaine.

En cas de contestation sur l'état de collocation dans les délais fixés ci-dessus, le commissaire renverra, dans la quinzaine qui suivra le dire de contestation ou les dires en réponse qui devront être faits dans la huitaine qui suivra le dire auquel ils répondront, les parties à l'audience qu'il fixera sur le procès-verbal, après s'être entendu avec le président du tribunal ou de la chambre dont il fera partie ; néanmoins il arrêtera, dans le même délai, l'Ordre pour les créances antérieures à celles contestées, et ordonnera la délivrance de bordereaux de collocation concernant ces créanciers qui ne seront tenus à aucun rapport à l'égard de ceux qui produiraient postérieurement.

S'il ne s'élève aucune contestation, le juge-commissaire, dans les quinze jours qui suivront l'expiration du délai pour contredire, fera la clôture de l'Ordre, liquidera les frais de toute nature, ordonnera le prélèvement sur le prix à distribuer des frais de tentative de conciliation et de poursuite, et de ceux de radiation des inscriptions des créanciers colloqués et non-colloqués, sauf toute répétition par les créanciers sur lesquels les fonds manqueront contre ceux à la charge desquels tout ou partie desdits frais auraient été mis. Il prononcera la déchéance des créanciers non-produisants, ordonnera la délivrance aux créanciers colloqués des bordereaux de collocation qui comprendront le coût de l'extrait de la quittance et du certificat de radiation de chaque inscription ; il ordonnera aussi la radiation de toutes les autres inscriptions (2).

Les créanciers postérieurs en ordre d'hypothèque aux créances contestées (3) seront tenus, dans la huitaine du mois accordé pour contredire, de s'accorder entr'eux sur le choix d'un avoué, sinon ils seront représentés par l'avoué du dernier créancier colloqué ; le créancier qui contestera individuellement supportera les frais auxquels sa contestation particulière aura donné lieu, sans pouvoir les répéter ni employer en aucun cas ; l'avoué poursuivant ne pourra, en cette qualité, être appelé dans la contestation.

Le jour fixé par l'ordonnance de renvoi, sur les dires consignés au procès-verbal et sur les pièces produites, sans qu'il puisse être fait aucune signification de conclusions ni aucun acte (4), sur le rapport du juge-commissaire, sur les observations orales des avoués des parties, et sur les conclusions du ministère public, le tribunal statuera. Le jugement contiendra la liquidation des frais et sera signifié dans la quinzaine de sa date à avoué seulement.

L'appel devra, à peine de déchéance, être interjeté dans les dix jours de la signification, outre un jour par trois myriamètres de distance du domicile réel de chaque partie : il contiendra assignation et l'énonciation des griefs.

L'avoué du créancier dernier colloqué pourra être intimé, s'il y a lieu.

Il ne sera signifié sur l'appel que des conclusions motivées de la part des intéressés, et l'audience sera poursuivie par la partie la plus diligente, sur un simple acte d'avoué à avoué, sans autre procédure.

L'arrêt contiendra la liquidation des frais ; il sera signifié dans la quinzaine de sa date à avoué seulement : les parties qui succomberont sur l'appel seront condamnées aux dépens, sans pouvoir les répéter.

---

(1) Cette disposition et celles qui suivent comblent une lacune qui se faisait sentir dans la pratique : on ne peut impunément, par négligence ou mauvaise volonté, retarder l'ordre.

(2) Nous reportons aux dispositions communes aux contributions et aux ordres la disposition relative aux intérêts.

(3) Le Code porte : aux *collocations* contestées ; mais la contestation peut résulter du rejet d'une créance.

(4) Le procès-verbal, qui porte l'ordonnance de renvoi à l'audience, restant au greffe, est à la disposition des avoués des parties qui doivent se tenir constamment au courant de ce qui y est consigné.

En cas d'appel, dans la huitaine qui suivra la signification de l'arrêt, la partie à la requête de laquelle la signification de l'arrêt aura été faite sera tenue d'en faire la déclaration, par le ministère de son avoué, sur le registre des Ordres au greffe du tribunal où l'Ordre sera pendant; dans le même délai, et aussi dans la huitaine qui suivra le délai d'appel, si le jugement n'est pas attaqué, les parties rétabliront au greffe toutes les pièces, jugement, arrêt et significations.

Dans la quinzaine qui suivra ce dépôt, le commissaire arrêtera définitivement l'Ordre des créances contestées et de celles postérieures, conformément à ce qui est prescrit par l'art.....

Les frais de l'avoué qui aura représenté les créanciers postérieurs en ordre d'hypothèque aux créances contestées, seront, s'il y a lieu, colloqués par préférence à toutes les autres créances sur le reliquat à distribuer.

Le jugement ou l'arrêt qui autorisera l'emploi des frais prononcera la subrogation au profit du créancier sur lequel les fonds manqueront, ou de la partie saisie; l'exécutoire énoncera cette disposition et indiquera la partie qui devra en profiter.

La partie saisie et le créancier sur lequel les fonds manqueront auront leur recours contre ceux qui auront succombé dans la contestation, à raison de tout le dommage qui leur aura été occasionné par la contestation.

Au fur et à mesure des paiements des collocations justifiés par l'exhibition du bordereau et par le dépôt d'un extrait de la quittance notariée donnée par le créancier, le conservateur déchargera d'office partiellement l'inscription du créancier colloqué, jusqu'à concurrence de la somme acquittée.

L'adjudicataire retiendra le coût, évalué approximativement et compris au bordereau, de l'expédition par extrait de la quittance notariée et du certificat de radiation de l'inscription.

En cas de revente sur folle-enchère, le jugement d'adjudication, et en cas d'appel, l'arrêt seront signifiés dans la quinzaine de leur date; si le prix de la deuxième adjudication est supérieur à celui de la première, la différence sera attribuée aux créanciers de la partie saisie venant en ordre utile, et les formes et délais pour la tentative de conciliation et pour l'ordre judiciaire seront observés pour cette attribution; si le prix de la deuxième adjudication est inférieur au prix de la première, il ne sera pas fait de nouvel Ordre (1).

Dans les deux cas, les bordereaux de collocation sur l'adjudicataire primitif seront, en vertu du jugement d'adjudication sur folle-enchère, exécutoires contre l'adjudicataire sur folle-enchère; et dans le deuxième cas, ils ne le seront que jusqu'à concurrence de son prix suivant l'ordre de collocation, sans préjudice de l'application de l'article 740.

L'inscription d'office sera rayée définitivement sur la justification faite par l'adjudicataire du paiement aux créanciers colloqués, et, en cas d'excédant, à la partie saisie de la totalité de son prix, et de l'ordonnance du juge-commissaire qui prononce la radiation des inscriptions des créanciers non colloqués (2).

En cas d'aliénation autre que celle sur saisie immobilière, dans la quinzaine qui suivra l'expiration du délai porté au numéro premier de l'article 2183 du Code Napoléon, l'acquéreur qui aura fait notifier devra déposer au greffe son contrat d'acquisition, l'extrait des inscriptions et toute la procédure de notification; ce dépôt sera constaté à sa date sur le registre des ordres; et, dans les trois jours suivants, le président nommera sur le même registre un juge-commissaire.

Toutes les dispositions prescrites ci-dessus pour la tentative de conciliation et pour l'ordre judiciaire seront observées; cet ordre sera introduit à la requête de l'acquéreur, et à son défaut à la requête de la partie la plus diligente, dans les délais et formes déterminés par la présente loi; l'acquéreur sera employé par préférence pour le coût de l'extrait des inscriptions et des dénonciations aux créanciers inscrits

Les créanciers colloqués dans un ordre seront, sans préjudice de leurs droits contre tout débiteur et sur tous immeubles autres que ceux dont le prix a fait l'objet de l'ordre, subrogés, suivant l'ordre de leurs collocations, à tous les droits de la partie saisie ou du vendeur

---

(1) Cette disposition comble une lacune qui existait dans le Code de Procédure.

(2) On pourrait, sans inconvénient, supprimer la dernière partie de cet alinéa, à partir de ces mots : *Et de l'ordonnance...*

contre l'adjudicataire ou l'acquéreur personnellement, et sur les immeubles dont le prix leur est attribué.

Ils pourront exercer ces droits en vertu des bordereaux, sans être tenus de requérir d'autres inscriptions que celles que pourrait être tenu de requérir la partie saisie ou le vendeur (1)

En cas de division, par aliénation ou autrement, de la masse des immeubles grevés d'un droit de privilége ou d'hypothèque, celui à qui ce droit appartient a la faculté de choisir telle portion de ladite masse, ou telle portion provenant du prix de la vente de tout ou partie de cette masse sur lesquelles il entend exercer ledit droit (2).

Tout créancier pourra prendre inscription pour conserver les droits de son débiteur; mais le montant de la collocation du débiteur sera distribué comme chose mobilière entre tous les créanciers inscrits ou opposants avant la clôture de l'ordre, en observant, immédiatement après ladite clôture, tant pour la tentative de distribution à l'amiable que pour la distribution judiciaire, les délais et les formalités prescrits pour les distributions par contribution. Le juge commis à l'ordre sera de droit commis à cette distribution (3) (4) (5).

Dispositions communes à la Distribution par
Contribution et à l'Ordre.

Il n'y aura lieu à la distribution par contribution et à l'ordre par les voies judiciaires déterminées dans la présente loi, que lorsque le nombre des créanciers qui devront y prendre part sera de quatre au moins, excepté dans le cas où la distribution par contribution portera sur une somme de deux cents francs et au-dessous.

Dans tous les autres cas, lorsque le nombre des créanciers sera moindre que quatre, immédiatement après la tentative de conciliation prescrite par la présente loi, l'action en la forme ordinaire sera intentée devant le tribunal compétent, dans le délai prescrit, afin d'attribution à qui de droit de la somme ou du prix à distribuer.

L'affaire sera jugée sommairement, sans qu'il y ait lieu à l'application de l'article 153 du Code de Procédure civile.

Les intérêts seront comptés jusqu'au jour de la clôture; à partir dudit jour les intérêts du montant de chaque collocation seront dus au créancier colloqué, lorsque la somme distribuée en sera productive.

Si le juge-commissaire reconnaît que le défaut de conciliation doit être imputé à la négligence ou à une autre faute ou à une téméraire contestation élevée lors de ce préliminaire, encore bien que la contestation n'aurait pas été judiciairement reproduite, il pourra, lors de la confection de l'état de collocation, mettre tout ou partie des frais du réglement judiciaire à la

(1) Cet alinéa et le précédent sont nécessaires pour bien fixer les droits du créancier porteur d'un bordereau contre l'adjudicataire ou acquéreur ou leurs ayant-cause. L'incertitude laissée sur ce point par le Code donnait lieu à bien des difficultés qui se trouvent résolues par là.

(2) Cette disposition tranche toutes les difficultés qui naissent dans le cas du concours d'hypothèques générales et de plusieurs hypothèques spéciales; elle sauvegarde, autant que possible, la garantie résultant de l'hypothèque générale qui doit s'étendre sur chaque portion d'immeubles et sur le prix de chaque portion, afin que le créancier qui a cette hypothèque puisse s'adresser à l'acquéreur qui lui paraît le plus solvable.

(3) La nouvelle opération n'est qu'une continuation de la première.

(4) Nous ne reproduisons pas l'art. 719 relatif à la subrogation dans la poursuite, dans le cas où le poursuivant la laisse traîner en longueur; ce droit de subrogation n'est presque jamais exercé: il blesse les convenances et la confraternité entre avoués.

En prescrivant des délais pour l'accomplissement de chaque formalité avec amende en cas de retard, nous croyons avoir indiqué le seul remède possible et efficace pour éviter toute lenteur.

(5) Dans le cas où il existe plusieurs prix ou sommes à distribuer, provenant du même débiteur, la réunion en une seule poursuite aurait pu être ordonnée au lieu où se trouve la plus forte somme; mais cette réunion donnerait lieu à une foule d'inconvénients, qui, dans la pratique, la rendraient d'une application très difficile.

charge de la partie qui aura ainsi empêché la conciliation. Cette disposition de l'état de collocation pourra être contestée dans les formes et délais prescrits.

La totalité desdits frais n'en sera pas moins prélevée par privilége; mais le juge ordonnera la subrogation, jusqu'à due concurrence, contre ladite partie, au profit du créancier sur lequel les fonds manqueront ou de la partie saisie. Le procès-verbal de clôture énoncera cette disposition et indiquera la partie qui devra en profiter.

Les mandements ou bordereaux seront délivrés en conformité de ladite disposition.

Il ne sera fait pour chaque avoué qu'une seule copie de tout acte signifié d'avoué à avoué, quel que soit le nombre des parties pour lesquelles le même avoué aura été chargé d'occuper.

Dans le cas où la somme à distribuer aura été déposée à la caisse des dépôts et consignations ou dans toute autre caisse à laquelle un fonctionnaire public sera préposé, le greffier délivrera, outre les bordereaux de collocation, un extrait du procès-verbal de clôture contenant seulement le détail des collocations; cet extrait, dont le coût sera évalué approximativement par le juge et sera compris dans les frais de la poursuite, sera par le greffier remis dans la quinzaine de la clôture au fonctionnaire préposé à la caisse où la somme à distribuer sera déposée, et ce fonctionnaire lui en donnera récépissé.

Le procès-verbal de clôture, les mandements et bordereaux de collocation ne pourront être attaqués que pour cause d'erreur matérielle; l'opposition sera formée dans la huitaine qui suivra la délivrance desdits mandements et bordereaux, et sera portée soit devant le juge de paix qui aura procédé à la distribution par contribution, soit devant le tribunal lorsque la distribution ou l'ordre auront été faits par un juge commis, et dans ce dernier cas elle sera formée par acte d'avoué à avoué.

L'avoué de l'opposant en fera, à peine de déchéance, la déclaration sur le procès-verbal de la contribution ou de l'ordre dans le même délai.

Le juge-commissaire, après s'en être entendu avec le président du tribunal ou de la chambre, fixera sur le procès-verbal le jour le plus rapproché pour l'audience à laquelle, sur son rapport, sur les observations des avoués des parties et sur les conclusions du ministère public, l'affaire sera jugée.

Le jugement sera dans tous les cas en dernier ressort.

Tous les délais fixés par la présente loi sont de rigueur. En cas de retard, la partie, l'officier ministériel ou le greffier à qui le retard devra être imputé, sera condamné par le tribunal civil, pour chaque contravention, à une amende de dix à cent francs, indépendamment de toute mesure disciplinaire, s'il y a lieu, contre l'officier ministériel ou le greffier.

Les contraventions seront constatées par les agents de l'administration de l'enregistrement et des domaines, et par le ministère public.

La répression sera poursuivie à la requête du ministère public.

L'amende ne sera pas prononcée s'il est justifié que la distribution par contribution ou l'ordre étaient réglés à l'amiable à l'expiration du délai dans lequel la formalité omise devait être remplie, ou que la partie qui devait ou dont l'avoué devait remplir la formalité omise était désintéressée. Dans ce dernier cas, la partie la plus diligente reprendra la poursuite sur les derniers errements, après avoir constaté sa priorité sur le registre et à la condition de suivre dans les trois jours de cette déclaration.

Il sera rendu compte chaque année au ministre de la justice de tout retard de la part des magistrats, greffiers ou officiers ministériels, dans l'accomplissement des formalités prescrites.

12 février 1856.

Oizel

ANCIEN MAGISTRAT.